VDV-Akademie e. V. (Hrsg.) | Günter Meyer | Markus Modlmeir

Sicherheitstechnik und Fahrsicherheit

DREI

Weiterbildung Bus

DREI

VDV-Akademie e. V. (Hrsg.) | Günter Meyer | Markus Modlmeir

Sicherheitstechnik und Fahrsicherheit

EU-Berufskraftfahrer

ARBEITS- UND LEHRBUCH

Name des Teilnehmers

Datum der Weiterbildung

Name der Ausbildungsstätte

© 2007 Verlag Heinrich Vogel,
in der Springer Transport Media GmbH,
Neumarkter Str. 18, 81673 München

Springer Transport Media GmbH
ist Teil der Fachverlagsgruppe
Springer Science+Business Media

2. Auflage 2009
Stand 02/2009

Herausgeber VDV-Akademie e.V.
Autoren Günter Meyer, Markus Modlmeir
Bildnachweis Daimler AG, Archiv Heinrich
Vogel, EvoBus GmbH
Illustrationen Jörg Thamer
Umschlaggestaltung Bloom Project
Layout und Satz Uhl+Massopust, Aalen
Lektorat Sabine Schuster und
Dr. Bernhard F. Reiter
Herstellung Markus Tröger
Druck KESSLER Druck+Medien, Michael-
Schäffer-Straße 1, 86399 Bobingen

ISBN 978-3-574-24711-8

Inhalt

Vorwort

Das Berufskraftfahrer-Qualifikationsgesetz (BKrFQG), das auf der Richtlinie 2003/59/EG basiert und die Aus- und Weiterbildung von Berufskraftfahrern regelt, ist am 1. Oktober 2006 in Kraft getreten. Das BKrFQG bedeutet für alle gewerblich tätigen Berufskraftfahrer grundlegende Veränderungen in der Aus- und den nun verpflichtenden Weiterbildungen. Die Berufskraftfahrer im Personenverkehr müssen bis zum 10. September 2013 eine Weiterbildung von 35 Stunden absolviert haben, sofern sie Fahrzeuge lenken, für die ein Führerschein der D-Klassen erforderlich ist.

Um die Weiterbildung mit der Gültigkeit des Führerscheins zu synchronisieren, kann bei entsprechendem Ablaufdatum des Führerscheins die Weiterbildung bis zum 10. September 2015 erfolgen. Voraussetzung ist, dass die entsprechende Fahrerlaubnis noch gültig ist. Vorrangige Ziele dieser Weiterbildungen sind die **Erhöhung der Verkehrssicherheit** im Straßenverkehr sowie die Verbesserung der **wirtschaftlichen Fahrweise** der Berufskraftfahrer. Diese und weitere Ziele sind in der Anlage 1 der Berufskraftfahrer-Qualifikations-Verordnung (BKrFQV) definiert und bilden die Rahmenvorgaben für alle Ausbildungsstätten, die Weiterbildungen anbieten. Der Verlag Heinrich Vogel setzt die Inhalte der Anlage 1 in Zusammenarbeit mit der VDV-Akademie (Verband Deutscher Verkehrsunternehmen Akademie e. V.) gemeinsam um.

Auf Basis des VDV-Rahmenlehrplans für die Weiterbildung gemäß BKrFQG wurden die Themen zusammengestellt und gewichtet. So entstanden fünf Module in Einheiten von sieben Stunden, die damit den Anforderungen der Gesetzgeber in Brüssel und Berlin entsprechen.

Ebenso erfüllen sie die qualitativen Anforderungen der Akademien von DEKRA, TÜV NORD, TÜV Rheinland und TÜV SÜD, deren Angebote zur Weiterbildung entsprechend gestaltet wurden.

Wieso ist das Modul „Sicherheitstechnik und Fahrsicherheit" von hoher Bedeutung?

Die Zeiten, in denen der Fahrer seinen Bus allein steuerte, sind längst vorbei. Morderne Sicherheits- und Assistenzsysteme gehören für jeden Fahrer inzwischen zum Verkehrsalltag. Damit konnte die Zahl der Unfälle, die wegen Fahrfehlern entstanden, deutlich reduziert werden. Angefangen mit der Einführung des Sicherheitsgurtes, sind die tödlichen Unfälle im Zeitraum von 1970 bis 2006 um 75 % gesunken – und das bei erhöhtem Verkehrsaufkommen. Auch der Automatische Blockierverhinderer hat eine erhebliche Verbesserung bewirkt, ganz zu schweigen von komplexeren Fahr-, Brems- und Überholassistenten. Sie alle haben das Fahren revolutioniert, entlasten den Fahrer und helfen bei der Vermeidung von Unfällen.

Dennoch sind im Straßenverkehr jährlich 5.500 Todesopfer und 80.000 verletzte Menschen zu beklagen. Hauptursachen schwerer Unfälle sind:

- ein zu geringer Abstand
- eine zu hohe Geschwindigkeit

Auch die komplexeste Technologie kann die Fahrphysik nicht außer Kraft setzen. Das ist die zentrale Botschaft an alle Fahrer!

Auch das Modul „Sicherheitstechnik und Fahrsicherheit" kann ein weiterer Mosaikstein sein, um die Verkehrssicherheit zu erhöhen. Dies ginge auch mit der Intention der Gesetzgeber konform, die eine verpflichtende Weiterbildung eingeführt haben, in der „besonderes Gewicht auf die Verkehrssicherheit und den sparsamen Kraftstoffverbrauch zu legen ist".

Wir wünschen allen, die mit diesem Buch arbeiten, eine spannende und erfolgreiche Weiterbildung!

Ihr Verlag Heinrich Vogel

Ziele des Moduls

Sie sollen nach dem Modul „Sicherheitstechnik und Fahrsicherheit"

- die Sicherheit der Ladung unter Anwendung der Sicherheitsvorschriften und durch richtige Benutzung des Kraftomnibusses gewährleisten können **(vgl. Anlage 1 der BKrFQV, Nr. 1.6)**.
- auf den KOM einwirkende Kräfte beherrschen können **(vgl. Anlage 1 der BKrFQV, Nr. 1.6)**.
- fähig sein, die Nutzlast eines KOM oder einer Kombination zu berechnen **(vgl. Anlage 1 der BKrFQV)**.
- mit Dauerbremsanlagen und elektronischen Systemen vertraut sein **(vgl. Anlage 1 der BKrFQV, Nr. 1.2)**.
- das Überprüfen der Bremsanlage beherrschen.
- über Fertigkeiten zum Verhalten in besonderen Situationen verfügen.
- für Geschwindigkeit und Abstand sensibilisiert sein.
- über Kenntnisse von Folgen bei Verstößen gegen Verkehrsvorschriften verfügen.
- über Kenntnisse zu situationsangepasstem Handeln und vorausschauendem Fahren verfügen.
- über die Möglichkeit verfügen, in besonderen Verkehrssituationen richtig zu reagieren.

Symbolerläuterung

 Ziel

1 Erhöhung der Fahr-sicherheit durch lebenslanges Lernen

▶ Sie sollen für die Notwendigkeit regelmäßiger Weiterbildung sensibilisiert werden.

Allgemein

Das Berufskraftfahrer-Qualifikationsgesetz (BKrFQG) ist eingeführt worden, um den Kraftfahrer bei seiner Arbeit zu unterstützen. Ständige Weiterbildung ist in allen Berufen eine Voraussetzung für gute Qualität. Daher sind auch Unternehmer im Verkehrs- und Transportgewerbe angehalten, ihr Fahrpersonal weiterzubilden.
Die Fahrgäste haben die Wahl: Sie entscheiden sich für das Verkehrsmittel, das sie am sichersten, am schnellsten und am bequemsten zu ihrem Ziel bringt. Daher muss sich der Omnibusfahrer als Dienstleister verstehen und sich ständig weiterbilden, um den steigenden Qualitätsanforderungen gerecht zu werden.

Besondere Risiken bei Fahranfängern

Das Unfallrisiko von Fahranfängern liegt um ein Mehrfaches über dem der restlichen Fahrer (siehe Abbildung 1).
Die Leistungs- und Reaktionsfähigkeit junger Verkehrsteilnehmer ist unbestritten. Erhöhte Risikobereitschaft und mangelnde Erfahrung sind jedoch dafür verantwortlich, dass Fahranfänger viel häufiger an schweren Verkehrsunfällen beteiligt sind.

Abbildung 1:
Erhöhtes Unfallrisiko bei Fahranfängern insbesondere in den ersten 9 Monaten.
Obere Linie: Männer
Untere Linie: Frauen

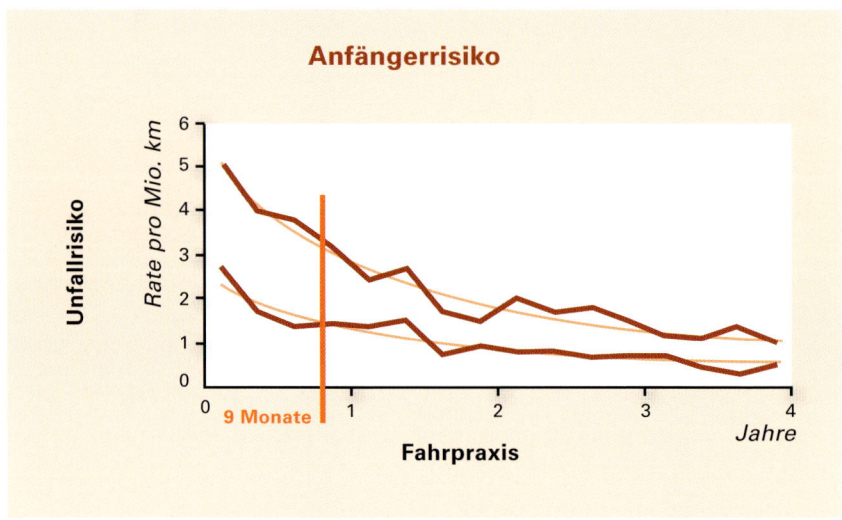

Häufige Unfallursachen bei jungen Kraftfahrern
- Nicht angepasste Geschwindigkeit
- Zu wenig Abstand
- Höhere Risikobereitschaft
- Geringe Fahrpraxis

Wie steht es um die Fahrsicherheit älterer Busfahrer?

Ob die Fahrerlaubnis und somit auch der Arbeitsplatz erhalten bleiben, hängt auch von Ihrer körperlichen Verfassung ab. Mit dem Alter lässt das Seh- und Hörvermögen nach, die Reaktionen verlangsamen sich und der ganze Körper wird unbeweglicher. Dies sind schleichende Prozesse, die von den Betroffenen selten bemerkt werden. Der Gesundheitscheck, den Sie alle fünf Jahre absolvieren, trägt dazu bei, die Sicherheit im Straßenverkehr zu erhöhen. Dennoch kann dieser Zeitraum bei älteren Kraftfahrern zu lang sein.

Verkehrssicherheit durch Weiterbildung

Sicherheits- und Geschicklichkeitstrainings leisten einen erheblichen Beitrag zur Verkehrssicherheit. Sie vermitteln Fahrtechniken, mit denen sogar der Fahranfänger Gefahrensituationen meistern kann.

⚠️ Mit der Zunahme von Fahrerfahrung und persönlicher Reife sinkt das Unfallrisiko. Jedoch kann die Verkehrssicherheit durch folgende Eigenschaften negativ beeinflusst werden:

- Antrainierte falsche Verhaltensmuster
- Konzentrationsfehler auf gewohnten Strecken
- Falsche Reaktionen aufgrund eines trügerischen Sicherheitsgefühls

Fazit

Nur durch regelmäßige Schulungen können Sie besondere Verkehrssituationen meistern und somit das Unfallrisiko senken.

2 Einwirkende Kräfte und Ladung richtig einschätzen

▶ Sie sollen die einwirkenden Kräfte auf Fahrzeug und Ladung kennen und die möglichen Auswirkungen richtig einschätzen lernen.

Allgemein

Um das Bewusstsein für kritische Situationen zu schärfen, sind Kenntnisse über die Kräfte nötig, die auf Fahrzeug und Ladung während der Fahrt einwirken. Dieses Wissen ermöglicht es Ihnen, brenzlige Fahrsituationen schneller zu erkennen und zu vermeiden.

Abbildung 2:
KOM im Grenzbereich der Fahrphysik
Quelle: Daimler AG

2.1 Der Kammsche Kreis

Allgemein

Der Kammsche Kreis ist der elementare Bestandteil der Fahrphysik. Kraftfahrer müssen diese Zusammenhänge verstehen, um eine sichere und fahrgastfreundliche Fahrweise zu beherrschen.
Ein Reifen überträgt beim Bremsen und Beschleunigen Kräfte in Längsrichtung und bei Kurvenfahrten Querkräfte auf die Straße. Die maximal möglichen Kräfte sind bei gleicher Radlast und gleichem Fahrbahnzustand in jeder Richtung gleich groß. Zeichnet man die Kräfte nach allen Seiten auf und verbindet die Spitzen der Kraftpfeile miteinander, so ergibt sich der Kammsche Kreis (siehe Abbildung 3).

Abbildung 3:
Wirkende Kräfte

Ändert sich die Radlast oder der Straßenzustand, so ändert sich auch die Größe des Kammschen Kreises (siehe Abbildung 4).

Abbildung 4:
Kammscher Kreis

Bei kleineren Radlasten oder bei schlechterem Straßenzustand wird der Kreis kleiner, der Reifen kann nur noch geringere Kräfte auf die Straße übertragen.

Abbildung 5 zeigt, dass bei einer Kurvenfahrt, die 70 % der Seitenführung ausnutzt, nur noch 70 % der maximalen Bremskraft zur Verfügung stehen. Bei einer Ausnutzung der Seitenführung von 50 % können dagegen fast 90 % der maximalen Verzögerung erreicht werden.

Abbildung 5:
Abhängigkeit der Seitenführungskraft von der Höhe der Bremskraft

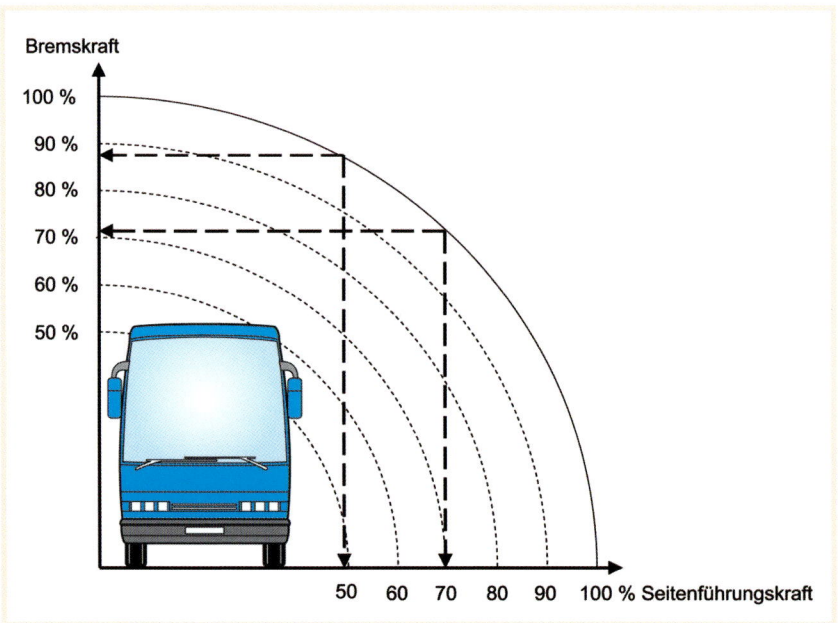

Fazit

Je langsamer Sie eine Kurve befahren, desto mehr Bremsreserven bleiben übrig für den Fall, dass in der Kurve ein unerwartetes Hindernis auftritt.

2.2 Die dynamische Achslastverschiebung

Allgemein

Auf einer ebenen Fläche hat ein Kraftomnibus eine Gewichtsvertei-
lung von etwa 1/3 seines Gewichts auf der Vorderachse und 2/3 auf
der Hinterachse.
Beim Befahren von Steigungen verlagert sich das Gewicht des
Busses nach hinten; dadurch werden die Reifen der Hinterachse stärker belastet. Beim Befahren von Gefällen verlagert sich das Gewicht
des Fahrzeugs nach vorne; dadurch werden die Reifen der Vorderachse stärker belastet.

Achslastverschiebung beim Bremsen

Beim Bremsen setzt eine dynamische Achslastverschiebung von
hinten nach vorn ein. Die Last auf der Vorderachse erhöht sich mit
steigender Bremsverzögerung.
Dadurch werden die Vorderräder stärker belastet und übertragen so
mehr Reibungskräfte.

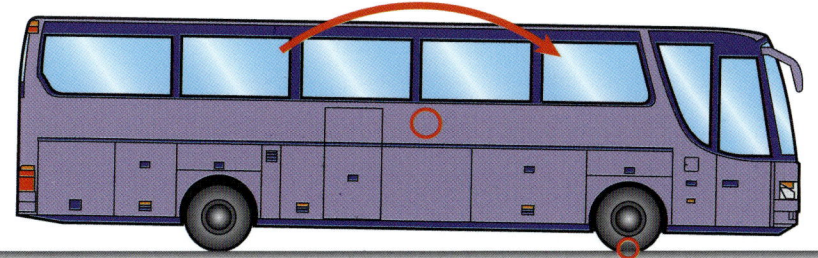

Abbildung 6:
Achslastverschie-
bung beim Brems-
vorgang

Achslastverschiebung im Gefälle

Im Gefälle wird die Vorderachse stärker belastet als die Hinterachse. Beim Bremsen wird diese Wirkung erhöht, so dass die Vorderachse mit bis zu 80% des Fahrzeuggewichts belastet wird und die Hinterachse nur bis zu 20%. Somit überträgt die Hinterachse kaum noch Seitenführungskräfte, da die Haftungsgrenze sehr schnell erreicht und überschritten wird.

Fazit

Schalten Sie beim Befahren von Gefällen frühzeitig den Retarder ein. Wenn nötig, schalten Sie zurück. Wählen Sie in Gefällstrecken die Geschwindigkeit so, dass Sie die Betriebsbremse möglichst wenig einsetzen müssen. Diese Fahrweise verhindert eine Überhitzung der Betriebsbremse.

2.3 Richtige Verteilung der Ladung und die Berechnung der Nutzlast

Richtige Verteilung der Ladung

Reisebus

Es gibt mehre Möglichkeiten, Reisebusse zu beladen. In Hochdeckern sind die Kofferräume üblicherweise unter der Fahrgastbühne groß genug, um das Gepäck zu verstauen. Für Skifahrten wird auch gerne ein zusätzlicher „Ski-Koffer" hinten angehängt.

Vorteile:

- Die Skiausrüstung ist getrennt vom Gepäck.
- Kein Schnee oder Eis in den Kofferräumen nach dem Skifahren.
- Mehr Platz für zusätzliche Ladung.

Doppeldecker haben aufgrund der zwei Fahrgastbühnen weniger Stauraum. Mit einem Anhänger kann der fehlende Platz für die Ladung erreicht werden.

Wenn mehrere Haltestellen zum Ein- und Aussteigen angefahren werden müssen, ist eine sinnvolle Verteilung der Ladung zu beachten. Am besten verteilt der Fahrer das Gepäck so, dass das Gepäck nach Haltestellen eingeordnet wird.

> ⚠️ Wenn möglich, sollte auch aus Gründen der Verkehrssicherheit auf der fahrbahnabgewandten Seite be- oder entladen werden. Leider ist das nicht immer möglich; dann muss ein Parkplatz angefahren werden, um eine Behinderung oder Gefährdung zu vermeiden.

Linienbus

In Linienbussen spielt die Beladung eine untergeordnete Rolle, dafür umso mehr die Mitnahme von sperrigen Gegenständen wie Kinderwagen, Rollstühle und Fahrräder.

Möglichkeiten der Sicherung:

- Sicherheitsgurte
- Polsterlehnen
- Bremsen an den Fahrzeugen (z.B. bei Kinderwagen und Roll-
  stuhl)
- Formschlüssiges Verstauen

Abbildung 7 und 8:
Gepäck an den
vorgesehenen
Stellen verstauen

Die Fahrer von Linienbussen sollten darauf achten, dass die Gegen-
stände wie Kinderwagen, Rollstühle und Fahrräder richtig gesichert
sind.

Die Berechnung der Nutzlast

Die Nutzlast ergibt sich aus der Differenz des Leergewichts und der
zulässigen Gesamtmasse eines Kraftfahrzeugs. Das Durchschnitts-
gewicht eines Fahrgastes wird in der BO-Kraft mit 68 Kilogramm
angenommen (siehe Anlage XII § 34 Abs. 3).

AUFGABEN

1. Ihr Reisebus hat eine Nutzlast von 4,75 t. Ihre Fahrgäste haben je einen Koffer mit 20 kg und ein Handgepäckstück à 5 kg dabei. Wie viele Fahrgäste dürfen Sie maximal mitnehmen?

–

–

2. Ihr Bus hat eine Nutzlast von 5,4 Tonnen. Bei einer Mietwagenfahrt wollen 50 Fahrgäste mitfahren. Zusätzlich zu den Koffern wollen die Passagiere auch noch Sportgepäck mitführen. Berechnen Sie, wie viel Kilogramm Gepäck jeder Fahrgast mitführen darf!

–

–

2.4 Fahrwiderstände

Allgemein

Die Erfindung des Rads war für die Entwicklung der Menschen von herausragender Bedeutung. Räder ermöglichen eine rollende Fortbewegung und den Transport schwerer Güter bei einem geringen Kraftaufwand, weil der Rollwiderstand geringer als der Gleitwiderstand ist.

Durch die Erfindung von Landfahrzeugen mit Rädern hat sich der Mensch den geringen Rollwiderstand zu Nutze gemacht.

Der auf den Kraftomnibus wirkende Fahrwiderstand F_{Gesamt} setzt sich aus Rollwiderstand F_{Roll}, Steigungswiderstand F_{Steig}, Massenträgheitskraft $F_{Träg}$ und Luftwiderstand F_{Luft} zusammen.

FORMEL

Somit ergibt sich folgende Formel:

$$F_{Gesamt} = F_{Roll} + F_{Steig} + F_{Träg} + F_{Luft}$$

Schauen wir uns die einzelnen Fahrwiderstände und deren Auswirkungen einmal genauer an:

Rollwiderstand

Der Leistungsbedarf von Fahrzeugen wird bei niedrigen Geschwindigkeiten vom Rollwiderstand bestimmt. Bei hohen Geschwindigkeiten überwiegt die Größe des Luftwiderstands. Der Übergangsbereich, in dem diese beiden Reibungsarten annähernd gleich groß sind, liegt bei 70 km/h.

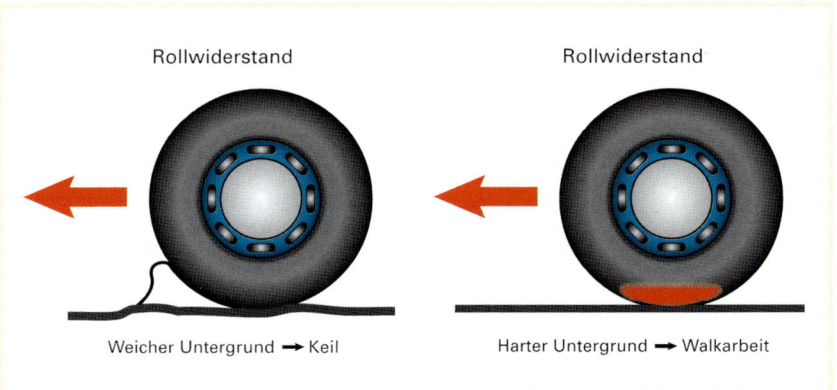

Abbildung 9: Weicher Untergrund

Abbildung 10: Harter Untergrund

Luftwiderstand

Jeder weiß vom Radfahren, wie groß und störend der Luftwiderstand ist. Das ist beim Kraftomnibus nicht anders. Mit der Geschwindigkeit des Kraftomnibusses steigt auch der Luftwiderstand. Der Luftwiderstand wächst quadratisch zur Fahrgeschwindigkeit. Das bedeutet, dass sich der Luftwiderstand bei einer Verdoppelung der Geschwindigkeit um das Vierfache erhöht.

Beschleunigungswiderstand

Die meiste Energie wird benötigt, um die träge Masse des Kraftomnibusses zu beschleunigen. Da jeder Beschleunigungsvorgang Kraftstoff kostet, muss der Grundsatz lauten: Vermeiden von unnötigen Beschleunigungsvorgängen und vorausschauend fahren. Denn wer vorausschauend fährt, muss seltener und weniger stark bremsen; somit sparen Sie unnötige Beschleunigungsvorgänge ein.

Der Steigungswiderstand

Dem steigenden Energieverbrauch, den der Steigungswiderstand verursacht, ist naturgemäß am schlechtesten beizukommen. Schließlich kann man den Berg, den es zu überwinden gilt, nicht kleiner machen, als er ist. Aber natürlich gilt auch hier: Je leichter der Wagen, desto geringer der Steigungswiderstand.

PRAXIS-TIPP

Sie können den Rollwiderstand aktiv beeinflussen. Durch Fahren mit richtigem Luftdruck verringert sich der Rollwiderstand. Dadurch halten die Reifen länger, und der Kraftstoffverbrauch verringert sich.

2.5 Folgen von blockierten Rädern

Allgemein

Moderne Kraftomnibusse besitzen Automatische Blockierverhinderer (ABV).
Allerdings sollten Sie sich nicht voll und ganz auf die Technik verlassen. Denn wenn der ABV ausfällt, sollte der Fahrer wissen, wie sein Fahrzeug reagiert.

Blockierte Vorderräder

Der gesamte Kraftschluss wird in Fahrtrichtung des Fahrzeugs ausgeschöpft.
Die Vorderräder übertragen keine Seitenführungskräfte mehr. Trotz Lenkeinschlags behält das Fahrzeug die vorher eingeschlagene Richtung bei. Das Fahrzeug ist nicht mehr lenkfähig und kann somit nicht mehr dem Straßenverlauf folgen.

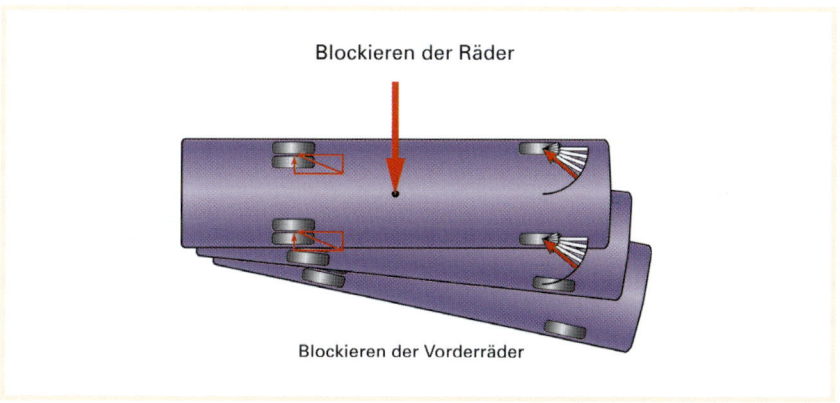

Blockieren der Räder

Blockieren der Vorderräder

Abbildung 11:
Blockierte
Vorderräder

Blockierte Hinterräder

Wenn die Hinterräder blockieren und gleichzeitig eine seitlich wirkende Kraft auftritt, besteht die Gefahr, dass das Fahrzeug seitlich ausbricht.

Abbildung 12:

Blockierte
Hinterräder

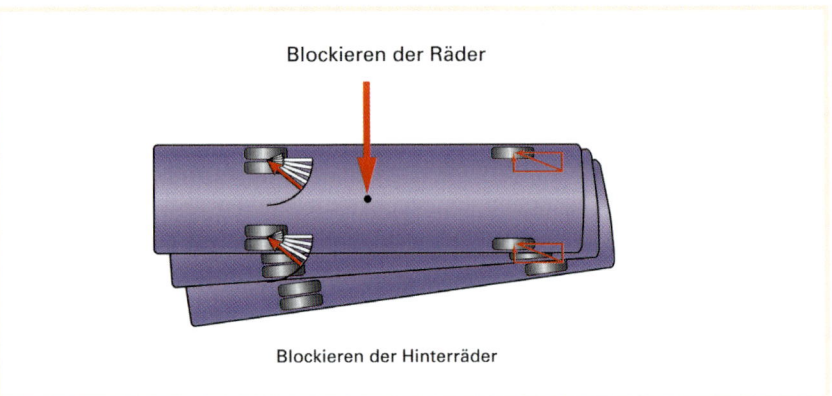

Blockieren der Räder

Blockieren der Hinterräder

PRAXIS-TIPP

Die Gefahr, dass der Bus bei blockierten Hinterrädern seitlich ausbricht, erhöht sich bei einer Achslastverteilung von 1/3 Vorderachse zu 2/3 Hinterachse. Beladen Sie daher Ihren Kraftomnibus gleichmäßig, um die Gefahr des seitlichen Ausbrechens zu verringern.

2.6 Folgen von Störungen an der Bremsanlage

Bei Ausfall eines Vorratskreises

Fällt ein Vorratskreis aus, ist der Defekt sofort an den Druckmessern bzw. Warneinrichtungen zu erkennen. Der defekte Kreis wird drucklos. Das Mehrkreisschutzventil sichert den anderen Kreis bis auf den Sicherungsdruck ab. Das Fahrzeug kann nur noch mit dem intakten Kreis abgebremst werden. Die Bremswirkung ist geringer.

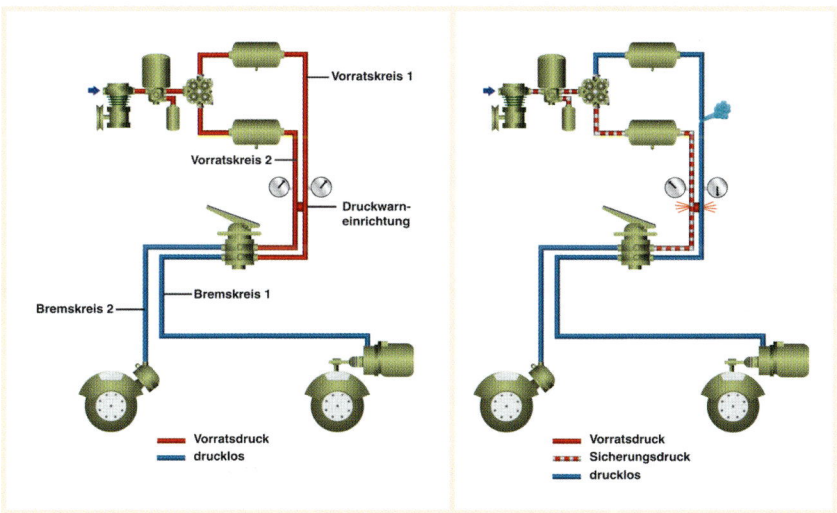

Abbildung 13: Normaler Betriebszustand

Abbildung 14: Leck im Vorratskreis 1

Ablauf bei einem Leck im Vorratskreis 1

1. Der Druck aus dem Vorratskreis 1 entweicht (Abbildung 14).
2. Der Druck im Vorratskreis 2 fällt auf den Sicherungsdruck (Abb. 14).
3. Die Druckwarneinrichtungen sprechen an (Abb. 14).

Bei Ausfall eines Bremskreises

Wenn die Leitung zu einem Bremszylinder gebrochen ist, kann dies nur beim Bremsen festgestellt werden. Denn beim Bremsen ist der Schaden an den Druckmessern und an den Warneinrichtungen zu erkennen. Der defekte Bremskreis wird drucklos. Das Mehrkreisschutzventil sichert den anderen Kreis bis auf den Sicherungsdruck ab. Die intakte Achse bremst das Fahrzeug mit geringerer Bremswirkung ab.

Abbildung 15:
Leck im Bremskreis 2

Abbildung 16:
Beim Bremsen entweicht Druckluft am Leck

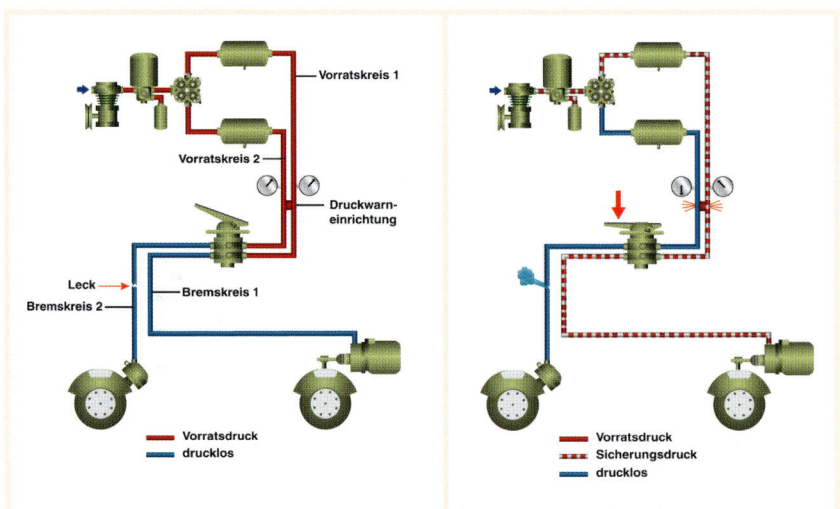

Ablauf bei einem Leck im Bremskreis 2

1. Während der Fahrt ist das Leck vom Fahrer nicht zu bemerken (Abbildung 15).
2. Erst beim Bremsen entweicht die Druckluft am Leck (Abbildung 16).
3. Dadurch wird der Vorratskreis 2 drucklos (Abb. 16).
4. Der Vorratskreis 1 fällt auf den Sicherungsdruck (Abb. 16).
5. Die Druckwarneinrichtungen sprechen an (Abb. 16).

2.7 Überprüfung der Bremsanlage

Aufgaben von Druck-Warneinrichtungen

- **Vor der Fahrt**
  Warnung vor zu niedrigem Vorratsdruck durch optische oder akustische Warneinrichtungen
- **Während der Fahrt**
  Warnung vor plötzlichem Druckabfall während der Fahrt

Überprüfung mittels Kontrolldaten

- **Vor der Fahrt** (Motor aus)
  Nach 10 Minuten darf der Druckabfall nicht mehr als 0,1 bar betragen. Bei einer Teilbremsung darf der Druckabfall nach 3 Minuten höchstens 0,3 bar betragen. Wenn Sie das Bremspedal im Stand durchtreten, dann darf der Druckabfall höchstens 0,7 bar betragen.

Aufgaben der ABS-Kontrolllampe

- **Beim Losfahren**
  Wenn die Kontrolllampe nicht erlischt, ist das ABS-System nicht funktionsfähig.
- **Während der Fahrt**
  Das Aufleuchten der Kontrolllampe während der Fahrt signalisiert, dass eine Störung vorliegt.

PRAXIS-TIPP

Erlischt die ABS-Kontrolllampe beim Anfahren nicht oder leuchtet sie während der Fahrt auf, müssen Sie sich darauf einstellen, dass Sie Ihr Fahrzeug auf herkömmliche Art abbremsen müssen und die Räder blockieren können.

3 Unfallvorbeugung durch situationsangepasstes Handeln und vorausschauendes Fahren

▶ Sie sollen für eine vorausschauende Fahrweise sensibilisiert werden.

Allgemein

Ein sicherer Busfahrer fährt nicht nur vorausschauend, sondern auch vorausdenkend. Viele Unfälle können Sie durch situationsangepasstes Handeln vermeiden. Bereits ein geringfügiges Erhöhen der Geschwindigkeit führt oftmals zu schweren Unfällen.

Beleuchtung von fahrenden Fahrzeugen

Mit dem Beginn der Dämmerung, bei Nacht, bei Tagesanbruch, bei Nebel, Schneefall oder starkem Regen müssen bei fahrenden Fahrzeugen folgende Lichter eingeschaltet werden:

- Grundsätzlich Abblendlicht.
- Standlicht und Nebelscheinwerfer gleichzeitig sind erlaubt.
- Auf Straßen mit ausreichender Beleuchtung darf nicht mit Fernlicht gefahren werden.
- Das Fernlicht muss rechtzeitig abgeblendet werden, wenn ein Fahrzeug entgegenkommt oder mit geringem Abstand vorausfährt.
- Bei zwei Nebelscheinwerfern genügt die zusätzliche Benutzung der Begrenzungsleuchten.
- Nebelschlussleuchten dürfen nur dann benutzt werden, wenn durch Nebel die Sichtweite weniger als 50 m beträgt.

Behindern Nebel, Schneefall oder Regen die Sicht erheblich, dann muss auch am Tage mit Abblendlicht gefahren werden.

AUFGABE/LÖSUNG

Wie schnell dürfen Sie mit eingeschalteter Nebelschlussleuchte höchstens fahren?

Beleuchtung von haltenden Fahrzeugen

- Außerhalb geschlossener Ortschaften sind haltende Fahrzeuge mit eigener Lichtquelle zu beleuchten.
- Eine eigene Beleuchtung ist entbehrlich, wenn durch die Straßenbeleuchtung das Fahrzeug deutlich sichtbar ist.
- Auf der Fahrbahn haltende Fahrzeuge mit einem zulässigen Gesamtgewicht von mehr als 3,5 t und Anhänger sind innerhalb geschlossener Ortschaften mit eigener Lichtquelle zu beleuchten oder durch andere zugelassene lichttechnische Einrichtungen (z. B. Warntafeln) kenntlich zu machen.
- Suchscheinwerfer dürfen nur kurz und nicht zum Beleuchten der Fahrbahn benutzt werden.

An Endhaltestellen ist es durchaus sinnvoll, bei Dunkelheit das Standlicht und die Innenraumbeleuchtung für die Fahrgäste einzuschalten. Dies hat den Vorteil, dass

- der Linienbus früher vom Individualverkehr erkannt wird.
- die Fahrgäste den Linienbus frühzeitig sehen.
- die Innenraumbeleuchtung das Sicherheitsempfinden der Fahrgäste erhöht.

Situationsangepasste Geschwindigkeit

Viele Kraftfahrer lassen sich leider durch Termindruck, einen engen Fahrplan oder andere Vorgaben unter Druck setzen. Die wichtigen Faktoren werden dabei oftmals außer Acht gelassen.
Folgende Tabelle listet die Faktoren auf, die bei der Wahl der Geschwindigkeit berücksichtigt werden müssen.

Persönliche Fähigkeiten	Verkehrs- lage	Wetter	Straße	Fahrzeug
Fahrpraxis Reaktionsver- mögen Gesundheits- zustand	Verkehrs- dichte Fußgänger Radfahrer Berufsver- kehr Schulen Kindergärten Altenheime	Regen Schnee Eis Wind Nebel	Kurven Kuppen Fahrbahn- breite Baustellen abgefahrene Markierungen	Reifen Beleuchtung Bremsen Bauart des Fahrzeugs

Fazit

Die angepasste Geschwindigkeit ist also die Geschwindigkeit, welche die oben aufgeführten Faktoren und folgende Grundregel der Straßenverkehrsordnung (StVO) §3 Absatz 1 berücksichtigt:
„Der Fahrzeugführer darf nur so schnell fahren, dass er innerhalb der übersehbaren Strecke halten kann." Auf Fahrbahnen, die so schmal sind, dass dort entgegenkommende Fahrzeuge gefährdet werden könnten, muss er jedoch so langsam fahren, dass er mindestens nach der Hälfte der übersehbaren Strecke halten kann.

Ausreichender Abstand zum Vorausfahrenden

Überhöhte Geschwindigkeit gehört zu den häufigsten Unfallursachen. Unfälle mit zu hoher Geschwindigkeit haben meistens besonders schwere Folgen. Dies ergibt sich daraus, dass die Wucht (sprich: die Kraft) des Fahrzeugs quadratisch zunimmt.

Außerhalb geschlossener Ortschaften

Halber Tachoabstand

Außerhalb von Ortschaften empfiehlt sich ein Abstand, welcher der Hälfte der Tachoanzeige in Metern entspricht. Bei einem Tempo von 80 km/h sind das 40 m Abstand. Diese Strecke legt das Fahrzeug in etwa 2 Sekunden zurück.

Zwei-Sekunden-Regel

Suchen Sie sich einen entfernt liegenden markanten Punkt (z. B. eine Autobahnbrücke) aus, an dem das vor Ihnen fahrende Fahrzeug vorbeifährt. Beginnen Sie dann zu zählen: „einundzwanzig … zweiundzwanzig". Haben Sie den Punkt erreicht, bevor Sie zu Ende gezählt haben, ist Ihr Abstand zu gering. Sie können sich auch am Abstand der Leitpfosten orientieren. Auf Autobahnen und Landstraßen stehen diese 50 Meter auseinander.

Abbildung 17: Zwei-Sekunden-Regel mithilfe eines markanten Punktes

Abbildung 18: Zwei-Sekunden-Regel mithilfe der Leitpfosten

Innerhalb geschlossener Ortschaften

Fußgänger oder plötzliche Hindernisse auf der Fahrbahn können den Vorausfahrenden zum plötzlichen Bremsen zwingen. Damit müssen Sie bei der Wahl Ihres Abstands rechnen. Der richtige Abstand hängt von der Fahrgeschwindigkeit ab.

- 50 km/h → mindestens 15 m bzw. 3 Pkw-Längen
- 30 km/h → mindestens 10 m bzw. 2 Pkw-Längen
- 10 km/h → mindestens 5 m bzw. 1 Pkw-Länge

⚠️ Fast zwei Drittel aller Unfälle mit Personenschäden ereignen sich innerhalb geschlossener Ortschaften. Geschwindigkeitsmessungen zeigen, dass sich im Ortsgebiet bei Tempo 50 nur jeder zweite Fahrzeuglenker an die zulässige Höchstgeschwindigkeit hält.

Zusammenhang zwischen Anhalte-, Reaktions- und Bremsweg

Anhalteweg

Der Anhalteweg besteht aus dem Reaktions- und Bremsweg.

FORMEL

Faustformel Anhalteweg

- Anhalteweg = Reaktionsweg + Bremsweg
- s_{AW} = s_{RW} + s_{BW}

Reaktionsweg

Das richtige Einschätzen von Gefahren setzt ein hohes Maß an Aufmerksamkeit, Verantwortungsbewusstsein und Erfahrung voraus. Ist der Fahrer eine Sekunde lang nicht aufmerksam, legt ein Kraftomnibus bei einer Fahrgeschwindigkeit von 80 km/h ca. 24 m zurück. Bei aufmerksamen und geübten Fahrern verkürzen sich die Reaktionszeiten und somit auch der Reaktionsweg.

Unter Drogen, Alkohol und Medikamenteneinfluss verlängert sich die Reaktionszeit. Die Zeiten variieren zwischen 0,5 und 1,7 Sekunden. Bei einer Ablenkung (z.B. bei emotionalen Gesprächen oder beim Telefonieren am Steuer) kann die Reaktionszeit bis zu 5 Sekunden betragen. Die Reaktionszeit ist nie eine vorbereitete Reaktion. Die oben genannten Zeiten beziehen sich immer auf unvorbereitete Reaktionszeiten.

FORMEL

Faustformel Reaktionsweg

- Reaktionsweg $= \dfrac{\text{Fahrgeschwindigkeit} \cdot 3}{10}$

- $s_{RW} = \dfrac{v \cdot 3}{10}$

Eine erhöhte Reaktionszeit wird hervorgerufen durch:

- Müdigkeit
- Ablenkung durch emotionale Gespräche und laute Musik
- Unaufmerksamkeit
- Mangelnde Reaktionsfähigkeit
- Krankheit in Kombination mit Medikamenten
- Alkohol

→ Konsequenz: Verlängerung des Reaktionswegs

Eine verringerte Reaktionszeit wird hervorgerufen durch:

- Aufmerksames Fahren
- Gesundheitlich fitte Fahrer
- Geübte Fahrer
- Vorausschauendes Fahren

→ Konsequenz: Verkürzung des Reaktionswegs

Bremsweg

Der Bremsweg besteht aus der Strecke, die ein Fahrzeug vom Beginn bis zum Ende der Bremsung zurücklegt. Entscheidend für die Länge des Bremswegs sind die Geschwindigkeit ‚v' und die Verzögerung ‚a'.

Berechnung der Bremsansprechzeit

Die Bremsansprechzeit ist die Zeit, die eine Bremse benötigt, um den Zwischenraum von der Bremsbacke zur Bremstrommel bzw. von den Bremsklötzen zur Bremsscheibe zu überwinden. Bei der hydraulischen Bremsanlage liegt die Zeit zwischen 0,1 und 0,2 Sekunden, bei der Druckluftbremsanlage zwischen 0,2 und 0,6 Sekunden.

Eine Erhöhung des Bremswegs wird hervorgerufen durch:
- Geschwindigkeitserhöhung
- Ungünstige Witterung/Schlechte Fahrbahnbeschaffenheit
- Den technischen Zustand des Fahrzeugs wie Reifen, Bremsen, Stoßdämpfer

FORMEL

Faustformel Bremsweg

- $\text{Bremsweg} = \left(\dfrac{\text{Fahrgeschwindigkeit}}{10} \right)^2$

- $S_{BW} = \left(\dfrac{v}{10} \right)^2$

Faustformel Gefahrenbremsung: $\left(\dfrac{v}{10} \right) \times \left(\dfrac{v}{10} \right) : 2$

Die Gefahrenbremsung beinhaltet eine mittlere Verzögerung von ca. 8 m/s^2, Verzögerung beim Bremsweg ca. 4 m/s^2, abhängig von technischen Voraussetzungen, Reifenhaftung und v. a. vom Fahrer.

Fazit

Sie dürfen nur so schnell fahren, dass Sie Ihr Fahrzeug ständig beherrschen. Passen Sie Ihre Fahrgeschwindigkeit den Straßen-, Verkehrs-, Sicht- und Wetterverhältnissen und Ihren persönlichen Fähigkeiten sowie den Eigenschaften von Fahrzeug und Ladung an. Verhalten Sie sich besonders gegenüber Kindern, Hilfsbedürftigen und älteren Menschen so, dass Sie eine Gefährdung ausschließen.

4 Sicherheitssysteme zur Erhöhung der Fahrzeug- und Verkehrssicherheit

▶ Sie sollen die technischen Merkmale, die Funktionsweisen und die Vorteile von elektronischen Sicherheitssystemen kennen.

Allgemein

Der Kraftomnibus ist eines der sichersten Verkehrsmittel. Im Vergleich mit anderen Personenbeförderungsmitteln ist der Bus das sicherste Transportmittel. Das Risiko in einem Pkw tödlich zu verunglücken, ist 26-fach höher als in einem Omnibus.

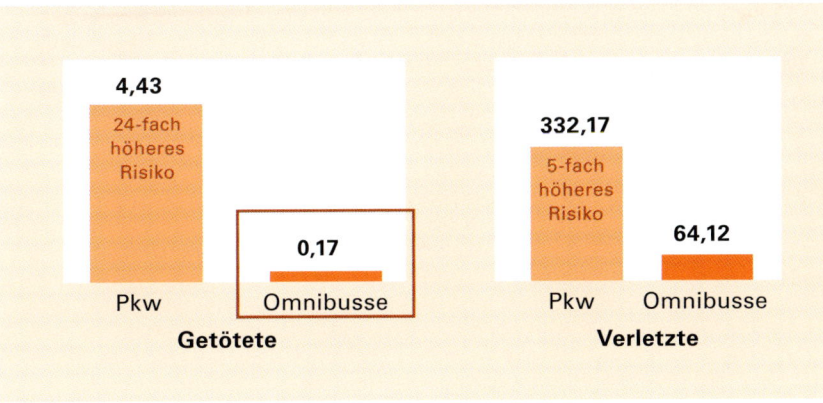

Abbildung 18:
Verletzte und getötete Personen auf 1 Milliarde gefahrene Personenkilometer je Verkehrsmittel; Durchschnitt der Jahre 2000 bis 2004 Quelle: Bundesamt für Statistik, Wiesbaden

Um die Unfallzahlen weiter zu reduzieren, wird die technische Ausstattung der Kraftomnibusse kontinuierlich an die fortschreitende Technologie angepasst.

Allerdings können auch noch so ausgereifte technische Systeme eine vorausschauende und verkehrsgerechte Fahrweise nicht ersetzen. Nur die Kombination aus stetiger Weiterentwicklung der Sicherheitssysteme und regelmäßiger Teilnahme an einer Weiterbildung zum Thema Fahrsicherheit reduzieren das Unfallrisiko.

Abbildung 20: Übersicht der gesetzlich vorgeschriebenen und freiwillig eingeführten Sicherheitssysteme.

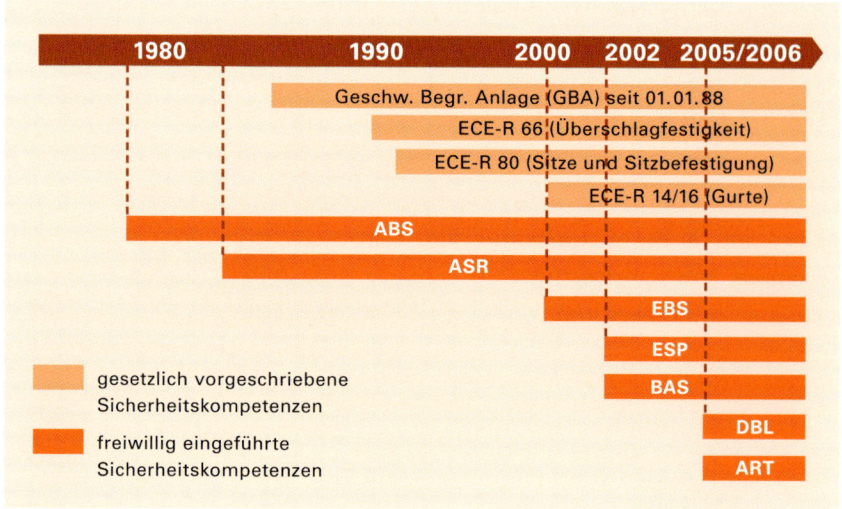

4.1 Antiblockiersystem (ABS)

Allgemein

Das Antiblockiersystem (ABS) ist ein technisches System zur Verbesserung der Verkehrssicherheit. Bei Teilbremsungen auf glatten und schmierigen Fahrbahnen und bei Notbremsungen können die Räder eines Fahrzeugs blockieren. In beiden Fällen ist der Kraftschluss zwischen Reifen und Fahrbahn verloren gegangen. Das ABS verhindert das Blockieren der Räder, so dass das Fahrzeug dennoch lenkbar bleibt.

Funktion

Die an den Rädern montierten Sensoren ermitteln den Umlauf der einzelnen Räder. Das Steuergerät misst die gesendeten Impulse, es überprüft und vergleicht die verschiedenen Radumläufe. Neigt ein Rad zum Blockieren, gibt das Steuergerät das Signal, die Bremse an diesem Rad kurzzeitig zu lösen. Dieser Vorgang wiederholt sich mehrmals in der Sekunde.

Kontrolllampe

Die ABS-Kontrolllampe signalisiert Funktionen des Systems.

Abbildung 21:

Kontrolllampe ABS

Vorteile

- Lenkbarkeit des Fahrzeugs während des Bremsvorgangs möglich.
- Bessere Lenkbarkeit auf unterschiedlich griffigen Fahrbahnen.
- Besseres Bremsverhalten auf nassen Straßen.
- Schonung der Reifen, da sich die Reifenabnutzung gleichmäßig verteilt.
- Individuelle Regelung der Bremskraft.
- Funktion der herkömmlichen Bremsanlage bleibt erhalten.

PRAXIS-TIPP

Treten Sie das Bremspedal auch bei glatter Fahrbahn voll durch.

4.2 Antriebs-Schlupf-Regelung (ASR)

Allgemein

Die Antriebs-Schlupf-Regelung (ASR) verhindert das Durchdrehen der Räder beim Beschleunigen. Droht ein zu starker Schlupf der Antriebsräder, wird die Antriebskraft durch gezielten Brems- und/oder Motorsteuerungseingriff reguliert. Das Regelsystem gewährleistet Fahrstabilität während der Beschleunigungsphase. Das ASR bekommt seine Informationen über die ABS-Radzahlsenoren.

Schlupf

Bei ungünstigem Untergrund wie Eis, Schnee oder Rollsplitt besteht die Gefahr, dass die Antriebsräder durchdrehen. Dieser Vorgang wird als Schlupf bezeichnet.
Tatsächlich ist keine Kraftübertragung in Fahrtrichtung ohne Schlupf möglich. Im normalen Fahrtzustand bemerken wir den Schlupf nicht. Ein Reifenschlupf von etwa 10% kann die maximale Kraft übertragen. Dieser Wert ist bei der Antriebs-Schlupf-Regelung (ASR) und dem Antiblockiersystem (ABS) eingestellt und bleibt ohne Eingriff. Mit steigendem Schlupf sinkt die maximal übertragbare Seitenführungskraft der Reifen stark ab. Dies führt beim Beschleunigen in einer Kurve bei frontgetriebenen Fahrzeugen zum Untersteuern und bei heckgetriebenen Fahrzeugen zum Übersteuern.

Kontrolllampe

Die ASR-Kontrolllampe signalisiert eine Störung.

Abbildung 22:

Kontrolllampe ASR

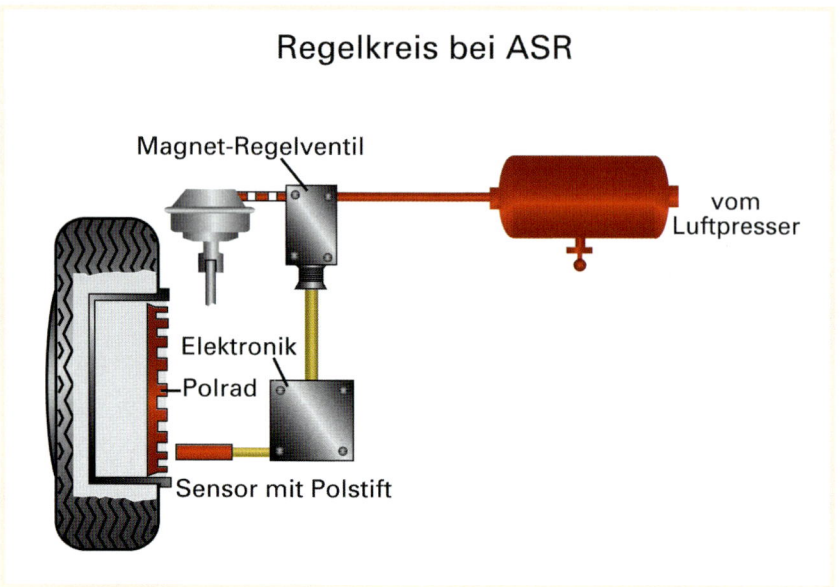

Funktionsweise

1. Der Sensor mit dem Polstift übermittelt mithilfe des Polrads die Anzahl der Radumdrehungen.
2. Diese Informationen laufen von jedem angetriebenen Rad zur Elektronik.
3. Die Elektronik berechnet die Rad- und Referenzgeschwindigkeit.
4. Bei Differenzen steuert die Elektronik die Magnet-Regelventile.
5. Der Bremsdruck wird so gesteuert, dass die Bremskraft den jeweiligen Fahrbahnverhältnissen angepasst wird.

Vorteile

- Mithilfe des ASR-Systems werden die Kraftschlüsse zwischen Reifen und Fahrbahn optimal genutzt
- Problemloses Anfahren auf glatten Fahrbahnen

4.3 Elektronisch geregelte Bremssysteme (EBS)

Allgemein

Das Elektronische Bremssystem (EBS) ist eine Weiterentwicklung der Druckluftbremsanlage. Durch die Elektronik wird eine kürzere Ansprechzeit der Bremsen erreicht. Die Grundfunktion besteht aus der elektronischen Betriebsbremse. Der Radzylinderdruck wird für jedes Rad individuell geregelt. Zudem werden im EBS-System auch das ABS und ASR sowie weitere Funktionen integriert.

Vorderachse

Funktionen der Bauteile

1. **Bremswertgeber**
   Der Bremswertgeber wandelt den Bremswunsch des Fahrers in ein elektrisches Signal zur Weiterleitung an das Zentralmodul um.

2. **Zentralmodul**
   Das Zentralmodul steuert und überwacht das EBS. Es koordiniert die Bremsfunktionen der Vorder- und Hinterachse sowie die ABS-Regelung für die Vorderachse. Zudem wertet das Zentralmodul die Sensorsignale aus und kommuniziert mit den anderen Fahrzeugsystemen wie ABS, ASR und EBS.

3. **Proportional-Relaisventil**
   Das Proportional-Relaisventil regelt den Vorderachsbremsdruck.

4. **ABS-Magnetventil**
   Das ABS-Magnetventil lässt den Bremsdruck kontrolliert zu den Membran-Zylindern durch.

5. **Sensor**

   Die Radsensoren überwachen den Bremsvorgang. Die Sensoren messen die Drehzahl der Räder und senden die Werte dem Zentralmodul.

6. **Membran-Zylinder**

   Die Membran-Zylinder leiten den Bremsdruck weiter zu den Bremszylindern an Vorder- bzw. Hinterachse.

Abbildung 24:
Regelkreis Elektronisch geregeltes Bremssystem (EBS); rechte Vorderachse

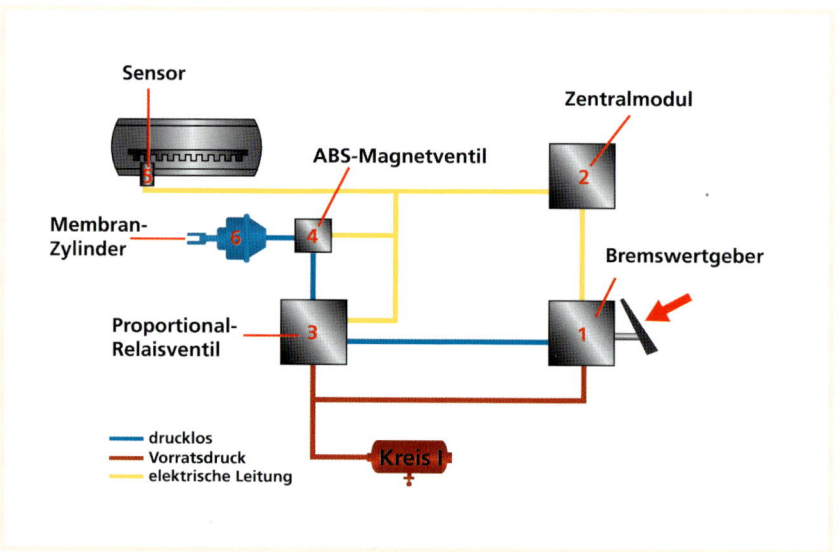

Funktionsweise Vorderachse

1. Der Fahrer betätigt das Bremspedal, dadurch wird der Bremswertgeber (1) aktiviert.
2. Der Bremswertgeber gibt den „Verzögerungswunsch" an das Zentralmodul (2) weiter.
3. Das Zentralmodul steuert das Proportional-Relaisventil (3) an und gibt den Bremsdruck an die Vorderachse weiter.
4. Die Überwachung des Bremsdrucks erfolgt durch den Drucksensor am Proportional-Relaisventil, der die Werte an das Zentralmodul zurückmeldet.

5. Das ABS-Magnetventil (4) lässt den Bremsdruck kontrolliert zu
   den Membran-Zylindern (6).
6. Die Radsensoren (5) überwachen den Bremsvorgang.

Hinterachse

Funktionen der Bauteile

7. **Redundanzventil**

   Das Redundanzventil dient zur schnellen Be- und Entlüftung
   der Bremszylinder.

8. **Achsmodulator**

   Der Achsmodulator regelt den Bremsdruck an der Hinterachse
   und steuert zusätzlich das elektropneumatische Anhängersteu-
   erventil an.

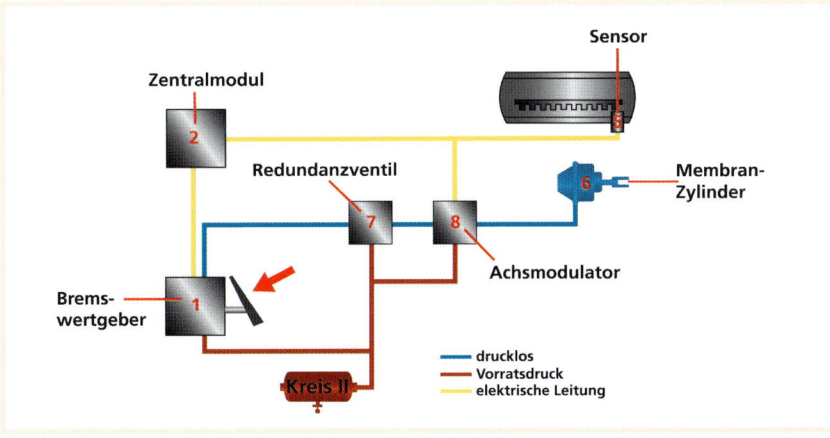

Abbildung 25: EBS:
rechte Hinterachse

Funktionsweise Hinterachse

1. Der Fahrer betätigt das Bremspedal; dadurch wird der Bremswertgeber (1) aktiviert.
2. Der Bremswertgeber gibt den „Verzögerungswunsch" an das
   Zentralmodul (2) weiter.

3. Das Zentralmodul steuert den Achsmodulator (8) an, und dieser regelt den Bremsdruck auf beiden Seiten der Achse.
4. Das Redundanzventil (7) dient der schnelleren Be- und Entlüftung der Hinterachse.
5. Die Radsensoren (5) überwachen den Bremsvorgang.

Vorteile

- Verringerung des Bremswegs
- Reduzierung der Ansprech- und Anschwellzeiten
- Verbesserung der Bremsstabilität
- Verbesserte ABS-Funktion mit integriertem ASR
- Diagnose- und Überwachungsfunktion aller Komponenten und Funktionen der Betriebsbremsen
- Bremsbelagverschleißanzeige
- Reduzierte Servicekosten durch:
  - Geringen Verschleiß der Bremsbeläge
  - Gleichmäßigen Verschleiß der Bremsbeläge
  - Weniger Stillstandszeiten
  - Höhere Wirtschaftlichkeit

PRAXIS-TIPP

Bei einer Störung der Elektronik müssen Sie sich darauf einstellen, dass Sie Ihr Fahrzeug auf herkömmliche Art abbremsen müssen. Sie müssen mit einer längeren Ansprechzeit der Bremsen rechnen und somit mit einem längeren Bremsweg.

4.4 Elektronisches Stabilitätsprogramm (ESP)

Allgemein

Bei Kurvenfahrten und beim Spurwechsel wirken Flieh-
kräfte, die das Fahrzeug aus der eingeschlagenen Richtung bringen können. Der Fliehkraft entgegen wirken die
Kräfte, die zwischen den Rädern und der Fahrbahn wirken. Wenn die Haftung zwischen Reifen und Fahrbahn
nicht mehr ausreicht, bricht das Fahrzeug entweder über
die Vorderachse (Untersteuern) oder über das Heck aus
(Übersteuern).

Das ESP hilft dem Fahrer, in kritischen Fahrsituationen
die Kontrolle über das Fahrzeug zu behalten, beispiels-
weise bei Kurvenfahrt oder bei plötzlichem Ausweich-
manöver.

Die Elektronik des ESP erfasst die Bewegungen (Quer-
beschleunigungen; Gierrate) des Busses und vergleicht
den Fahrzustand mit dem Fahrerwunsch. Das System
berücksichtigt dabei in Bruchteilen von Sekunden die
Fahrgeschwindigkeit, den Lenkeinschlag und mögliche
Bremsaktivitäten. Das heißt, dass der Fahrer indirekt
dem System mitteilt, wohin er das Fahrzeug manövrie-
ren möchte.

ESP-Reaktion beim Untersteuern

1. Beim Untersteuern dreht das Fahrzeug aus der Kurve hi-
   naus (Abbildung 28).
2. Ein Bremseingriff am kurveninneren Hinterrad verhindert,
   dass das Fahrzeug aus der Kurve driftet (Abbildung 29).
3. Je nach Geschwindigkeit und Lenkeinschlag kann zusätzlich Bremskraft auf das kurveninnere Vorderrad geleitet
   werden (Abbildung 30).

Abbildung 26:
Spurwechsel
ohne ESP. Quelle:
Daimler AG

Abbildung 27:
Spurwechsel
mit ESP. Quelle:
Daimler AG

Abbildung 28 (l.)

Abbildung 29 (m.)

Abbildung 30 (r.)

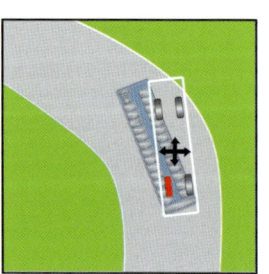 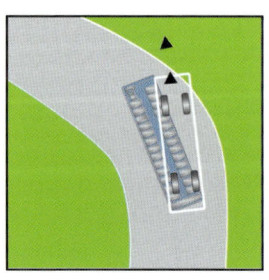 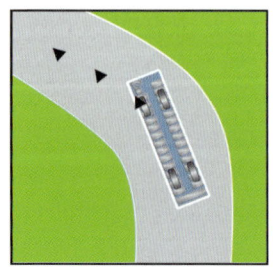

Das Fahrzeug bleibt in der Spur. Zusätzlich wird zur Unterstützung der Bremsregelung das Motormoment reduziert. Dadurch wird die Fahrgeschwindigkeit gesenkt und die größtmögliche Spurtreue erreicht.

ESP-Reaktion beim Übersteuern

1. Beim Übersteuern dreht das Fahrzeug in die Kurve hinein (Abbildung 31).
2. Um die Fahrtrichtung stabil zu halten, wird automatisch ein Bremsvorgang am kurvenäußeren Vorderrad eingeleitet (Abbildung 32).
3. Je nach Geschwindigkeit und Lenkeinschlag kann zusätzlich Bremskraft auf das kurvenäußere Hinterrad geleitet werden (Abbildung 33).

Abbildung 31 (l.)

Abbildung 32 (m.)

Abbildung 33 (r.)

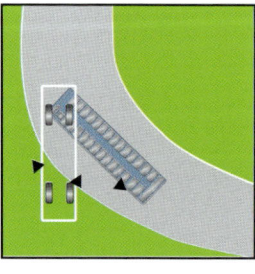 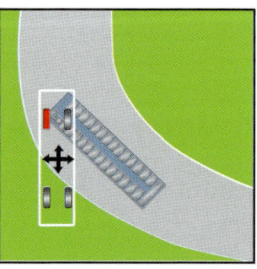 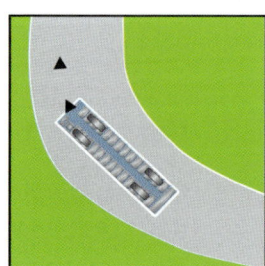

Das Fahrzeug bleibt in der Spur. Zusätzlich wird zur Unterstützung der Bremsregelung auch das Motormoment reduziert. Dadurch wird die Fahrgeschwindigkeit gesenkt und die größtmögliche Spurtreue erreicht.

4.5 Der Dauerbremslimiter (DBL)

Allgemein

Der Dauerbremslimiter (DBL) ist serienmäßig in Reisebussen einge-
baut. Der DBL verhindert das Überschreiten der Höchstgeschwindigkeit, indem das System automatisch den Retarder aktiviert.
Bei langen, steilen Gefällstrecken ist es möglich, dass der Bus durch
das Bergabrollen die Höchstgeschwindigkeit überschreitet. In diesem Fall greift das System ein. Der DBL steuert den Retarder an und
sorgt somit für eine Reduzierung der Fahrgeschwindigkeit.
Ab 107 km/h ertönt ein Warnsignal, und eine optische Anzeige er-
scheint auf dem Display. Jetzt muss der Fahrer mit der Betriebsbremse eingreifen. Erst wenn das Fahrzeug wieder eine Geschwindigkeit von 100 km/h erreicht hat, erlischt die Warnanzeige.

Abbildung 34:
System Dauer-
bremslimiter (DBL)
Quelle: EvoBus

Vorteile

- Erhöhung der Sicherheit
- Entlastung des Fahrers
- Einhaltung der zulässigen Höchstgeschwindigkeit in Gefällen
- Automatische Ansteuerung des Retarders
- Akustisches und optisches Warnsignal ab 107 km/h

4.6 Spurassistent (SPA)

Allgemein

Der Omnibus ist das sicherste Verkehrmittel der Welt. Unfälle durch Abkommen von der Fahrbahn haben dennoch dramatische Folgen. Häufige Ursache für diese Art von Unfällen sind die Müdigkeit oder Unaufmerksamkeit des Fahrers. Der Spurassistent hat die Aufgabe, den müden oder unaufmerksamen Fahrer vor dem Verlassen der Fahrspur zu warnen.

Abbildung 35:
System Spurassis-
tent (SPA)
Quelle: EvoBus

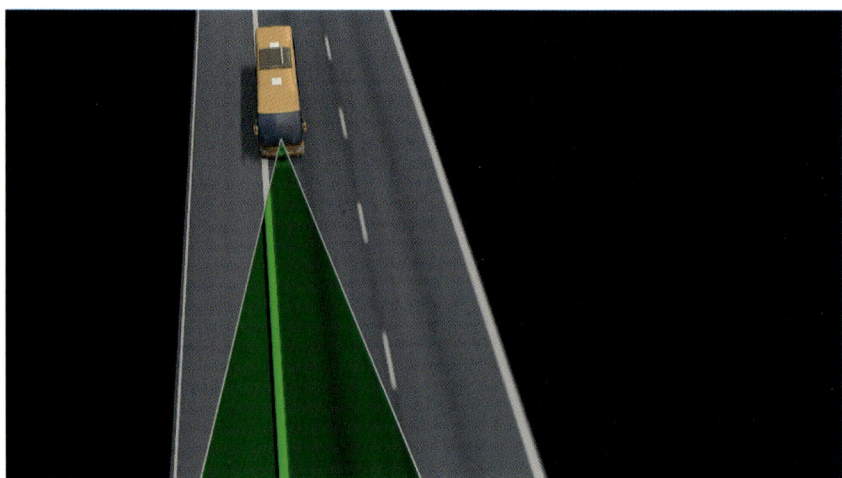

Funktionsweise

Der kamerabasierte Spurassistent hat den Vorteil, dass das System in der Lage ist, Fahrbahnverläufe vorauszusehen. Das System ist in der Lage, kürzere Unterbrechungen der Markierungslinien zu über-brücken. Dies führt zu weniger falschen Warnungen und zu einer höheren Verfügbarkeit des Systems.
Droht das Fahrzeug die Markierungslinien zu überfahren, wird der Fahrer durch ein Pulsieren im Sitz gewarnt. Diese Warnung erfolgt richtungsgetreu, so dass der Fahrer sofort weiß, aus welcher Rich-tung die Gefahr droht. Die Vibrationswarnung im Sitz warnt den Fah-

rer sehr deutlich und unabhängig vom Lärmpegel im Fahrzeug. Zudem hat diese Art der Warnung den Vorteil, dass die Fahrgäste die Warnungen nicht mitbekommen und somit auch nicht beunruhigt werden.

Der SPA wird ab einer Fahrgeschwindigkeit von 70 km/h aktiviert und kann durch das Betätigen des Blinkers deaktiviert werden. Die Warnungen erfolgen auf die Außenkante der Fahrbahnmarkierungslinien. Sie werden abgebrochen, sobald der Fahrer zurück zur Fahrbahnmitte lenkt.

Der Spurassistent funktioniert auch nachts und bei Regen. Voraussetzung ist, dass die Fahrbahn durch weiße oder gelbe Markierungslinien gekennzeichnet ist.

Abbildung 36:
SPA-Kamera.
Quelle: Daimler AG

Abbildung 37:
Vibrationswarnung
am Sitz. Quelle:
Daimler AG

PRAXIS-TIPP

Da der Spurassistent in einigen Fällen nicht aktiv ist, wird durch eine Kontrolllampe im Armaturenbrett angezeigt, wenn er seine Warnfunktionen nicht ausübt.

4.7 Abstandsregel-Tempomat (ART)

Allgemein

Der Abstandsregel-Tempomat (ART) entlastet den Fahrer auf Autobahnen und vergleichbaren Fernstraßen. Wenn der ART ein langsameres Fahrzeug erkennt, bremst er den Omnibus automatisch ab, bis ein vom Fahrer vorgewählter Abstand erreicht ist, den der ART dann konstant einhält.

Abbildung 38:
System Abstands-
regel-Tempomat
(ART). Quelle:
EvoBus

Funktionsweise

Ein Abstandssensor tastet 20-mal pro Sekunde die Umgebung vor dem Bus ab. Der Sensor schaltet ständig zwischen drei „Radarkeulen" hin und her. Die drei Keulen verwendet der Sensor, um festzustellen, wo sich das reflektierende Objekt befindet: in der eigenen Fahrspur oder in einer Nachbarfahrspur. Er misst dabei den Abstand, die Fahrgeschwindigkeit und den Winkel der vorausfahrenden Fahrzeuge in einer Entfernung von maximal 150 Metern. Die Ergebnisse werden ständig abgeglichen. Das System reagiert erst, wenn der Vorausfahrende als sicher erfasst gilt.
Der Abstandssensor ist mit den Steuergeräten der Bremsanlage und des Motors gekoppelt, mit denen er wichtige Daten austauscht und abgleicht.

Aufbau des Systems

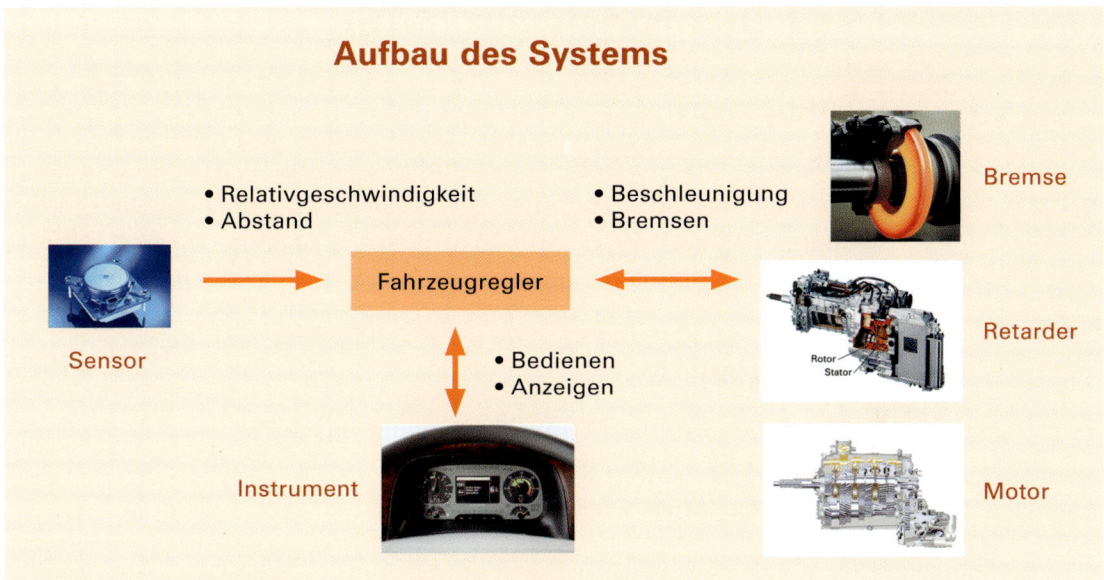

- Relativgeschwindigkeit
- Abstand

- Beschleunigung
- Bremsen

Bremse

Fahrzeugregler

Retarder

Sensor

- Bedienen
- Anzeigen

Instrument

Motor

Der Abstandsregel-Tempomat (ART) sollte bei Sichtbehinderung, Nebel, Schneefall, starkem Regen sowie bei glatten Fahrbahnen nicht eingesetzt werden. Hier sollten Sie Ihre Fahrweise der jeweiligen Situation anpassen.

Abbildung 39:
Ablauf des
Abstandsregel-
Tempomat-Systems

4.8 Bremsassistent (BAS)

Allgemein

Wenn ein Fahrer bei einer Notbremsung das Bremspedal anfangs schnell betätigt, dann aber das Pedal nicht weiter mit voller Kraft durchtritt, verlängert sich der Bremsweg unnötig. Diese Gefahr ist durch den Bremsassistenten geringer.

Funktion

Der Bremsassistent erkennt eine Notbremsung an der Geschwindigkeit, mit der das Bremspedal betätigt wird. Das System erhöht sofort den Bremsdruck (siehe Abbildung 40).

Abbildung 40:
Verzögerung mit und ohne Bremsassistenten

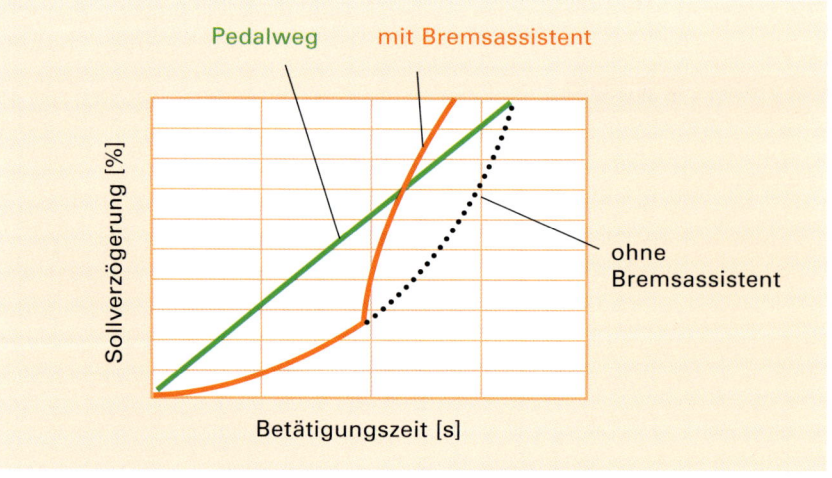

PRAXIS-TIPP

Die Leistungen des Bremsassistenten werden nur im Notfall freigegeben. Sie müssen nach Auslösung des Bremsassistenten weiter den Pedaldruck erhöhen. Das Halten des Pedals allein reicht im Notfall nicht aus.

5 Richtiges Verhalten in besonderen Verkehrssituationen

▶ Sie sollen für besondere Verkehrssituationen sensibilisiert werden.

Allgemein

Besondere Verkehrssituationen erfordern ein besonderes Verhalten der Verkehrsteilnehmer, um (weiteren) Schaden abzuwenden.
In diesem Kapitel werden die Sonderfahrzeuge mit blauem Blinklicht benannt und die Pflichten der anderen Verkehrsteilnehmer bezüglich der Sonderfahrzeuge aufgezeigt.

Pflichten des Fahrers

- Er muss so schnell wie möglich an die Seite fahren.
- Bei zweispurigen Fahrbahnen ist die Gasse in der Mitte zu bilden.
- Bei dreispurigen Fahrbahnen ist die Gasse zwischen dem linken und mittleren Fahrstreifen zu bilden.

⚠ Nicht immer ist das sofortige Anhalten richtig! Da Kraftomnibusse wesentlich mehr Verkehrsraum als Personenkraftwagen benötigen, besteht die Gefahr, dass der Bus wichtigen Platz für andere Fahrzeuge versperrt. Daher immer auch an die anderen Fahrzeuge denken! Den Bus so positionieren, dass die anderen Fahrzeuge noch vorbeifahren können.

Wann darf blaues Blinklicht mit Einsatzhorn verwendet werden?
- Wenn höchste Eile geboten ist, um Menschenleben zu retten
- Um schwere gesundheitliche Schäden abzuwenden
- Um eine Gefahr für die öffentliche Sicherheit oder Ordnung abzuwenden
- Um flüchtige Personen zu verfolgen
- Um bedeutende Sachwerte zu erhalten

Welche Fahrzeuge dürfen blaues Blinklicht verwenden?
- Rettungsfahrzeuge
- Krankenwagen
- Feuerwehrfahrzeuge
- Polizeifahrzeuge
- Bundespolizei (BPOL)
- Deutsche Lebens-Rettungs-Gesellschaft (DLRG)
- Arbeiter-Samariter-Bund (ASB)
- Deutsches Rotes Kreuz (DRK)
- Technisches Hilfswerk (THW)
- Malteser
- Zoll

Stockt der Verkehr auf Autobahnen oder auf Straßen außerhalb geschlossener Ortschaften mit mindestens zwei Fahrstreifen für eine Richtung, muss auch der Bus eine Gasse freihalten.

Abbildung 41: Ausreichende Gasse für Sonderfahrzeuge

Blaues Blinklicht ohne Einsatzhorn

- Zur Warnung an Unfall- oder sonstigen Einsatzstellen
- Bei Einsatzfahrten
- Zur Begleitung von Schwertransporten
- Bei geschlossenen Verbänden

Fazit

Von den Vorschriften der StVO sind die Bundeswehr, der Bundes-grenzschutz, die Feuerwehr, der Katastrophenschutz, die Polizei und der Zolldienst befreit, soweit es zur Erfüllung hoheitlicher Aufgaben dringend geboten ist. Die Sonderrechte dürfen nur unter gebüh-render Berücksichtigung der öffentlichen Sicherheit und Ordnung ausgeübt werden.

6 Ahndung von Fehlverhalten

▶ Sie sollen genaue Kenntnisse über mögliche Konsequenzen bei verschiedenen Vergehen erhalten.

Allgemein

Jeder Kraftfahrer kann auf **Verwarnungs-** und **Bußgeld** oder auf ein **Fahrverbot** sowie den **Entzug der Fahrerlaubnis** verzichten. Besonders Busfahrer sind auf ihren Führerschein angewiesen, um ihren Beruf weiter ausüben zu dürfen. Daher sollte der Kraftfahrer wissen, wann welche Vergehen welche möglichen Strafen nach sich ziehen. Insbesondere im Hinblick auf eine Führerscheinverlängerung ist das Wissen um mögliche Konsequenzen wichtig.

Verwarnung, Bußgeld, Strafe und Fahrverbot

Allgemein
Vorschriftsverletzungen können neben einem Verwarnungs- oder Bußgeld mit Punkten im Bundeszentralregister in Flensburg und einem Fahrverbot bis zu drei Monaten geahndet werden (siehe Bußgeldkatalog).

Verwarnung
Vorschriftsverletzungen im Straßenverkehr können neben einer kostenfreien mündlichen Verwarnung auch eine gebührenpflichtige Verwarnung von maximal 35 € nach sich ziehen.

Bußgeld
Eine Geldbuße ab 40 € wird bei einem Verstoß im Straßenverkehr mit Punkten im Verkehrszentralregister in Flensburg geahndet.

Fahrverbot

Nach §25 Straßenverkehrsgesetz (StVG) droht demjenigen ein Fahrverbot, der gegen bestimmte Regeln der StVO unter grober oder beharrlicher Verletzung (zum Beispiel immer wieder die gleiche Ordnungswidrigkeit) verstoßen hat. Außerdem muss der Führerschein bei einem Verstoß gegen die Vorschrift über die 0,5-Promille-Grenze abgegeben werden. Ein Fahrverbot nach § 25 StVG dauert zwischen einem und drei Monaten.

Beispiel:
Ein Rotlichtverstoß wird neben einem Bußgeld regelmäßig mit einem Monat Fahrverbot geahndet, wenn die Ampel länger als eine Sekunde Rot war.

Rückgabe des Führerscheins nach Fahrverbot
Wenn das vom Gericht ausgesprochene Fahrverbot abgelaufen ist, muss der Führerschein von der Behörde zurückgegeben werden.

Entzug der Fahrerlaubnis

Ein Richter oder eine Verwaltungsbehörde kann die Fahrerlaubnis bei festgestellter Nichteignung entziehen. Nach rechtskräftiger Entscheidung darf der Betroffene dann keine führerscheinpflichtigen Kraftfahrzeuge mehr führen.

Vorläufige Entziehung der Fahrerlaubnis

Eine Entziehung unmittelbar nach begangener Tat ist zulässig, wenn zwingende Gründe vorhanden sind. Gegen die vorläufige Entziehung kann der Betroffene Beschwerde einlegen. Das ist aber nur sinnvoll, wenn gewichtige Gründe gegen die Entscheidung des Richters sprechen. Mit Rechtskraft der richterlichen Entscheidung erlischt die vorhandene Fahrerlaubnis. Die Wiedererteilung der Fahrerlaubnis kann mit einer Sperre belegt werden.
Durch das Urteil oder den Strafbefehl wird festgelegt, wie lange dem Betroffenen keine neue Fahrerlaubnis erteilt wird. Wenn der Betroffene nach Ablauf der Führerscheinsperre wieder im Straßenverkehr fahren möchte, muss er eine neue Fahrerlaubnis beantragen.

Welche Umstände müssen eintreten, damit die Verwaltungsbehörde die Fahrerlaubnis entziehen kann?

Die Verwaltungsbehörde darf entziehen, wenn:
- Körperliche Mängel vorliegen
- Geistige Mängel vorliegen
- Charakterliche Mängel vorliegen
- Der Fahrer nicht in der Lage ist, sein Fahrzeug sicher zu führen
- Erhebliche Verstöße gegen Verkehrsvorschriften vorliegen
- Zu befürchten ist, dass Verkehrsvorschriften nicht mit der ausreichenden Sorgfalt beachtet werden
- Auf andere Verkehrsteilnehmer nicht die notwendige Rücksicht genommen wird

Beispiele:
- Gefährdung des Straßenverkehrs (§ 315 c StGB)
- Trunkenheit im Verkehr (§ 316 StGB)
- Unerlaubtes Entfernen vom Unfallort (§ 142 StGB)
- Vollrausch (§ 323 a StGB), wenn er sich auf eine der obigen Taten bezieht

Neuerteilung nach einem Entzug durch ein Strafgericht oder eine Verwaltungsbehörde

Mit der Entziehung der Fahrerlaubnis erlischt diese. Auch nach dem Ablauf einer Sperrfrist erhält der Betroffene seinen alten Führerschein nicht wieder zurück. Er muss eine neue Fahrerlaubnis bei der zuständigen Meldestelle (Rathaus oder Landratsamt) beantragen.

Keine erneute Führerscheinprüfung …

… muss bei einem Entzug der Fahrerlaubnis ab zwei Jahren abgelegt werden. Aber es muss eine erfolgreiche Medizinisch-Psychologische Untersuchung (MPU) bei der zuständigen Verwaltungsbehörde vorliegen, damit die Fahrerlaubnis **wieder erteilt** wird.

 Beachte:

- Bei einem Entzug der Fahrerlaubnis verfallen alle Besitzstände alter Fahrerlaubnisklassen.
- Für Fahrer, die im gewerblichen Verkehr Personen befördern, gilt eine 0,0 Promille-Grenze (BOKraft §8 (3) Satz 1).
- „Wer trinkt fährt nicht und wer fährt trinkt nicht."

Entzug der Fahrerlaubnis aufgrund von Alkoholmissbrauch

Entscheidend ist die Höhe der Blutalkoholkonzentration, die zur Entziehung der Fahrerlaubnis geführt hat. Je höher die festgestellte Menge, desto schwieriger die Wiedererteilung der Fahrerlaubnis. Die Behörde befürchtet, dass Alkoholgewöhnung vorliegt und der Bewerber nicht zum Führen von Kraftfahrzeugen geeignet ist. Alkoholauffällige Kraftfahrer mit einer Blutalkoholkonzentration von 1,6 Promille oder mehr, müssen eine Medizinisch-Psychologische Untersuchung (MPU) ablegen. Der MPU-Gutachter stellt fest, ob der Alkoholauffällige zum Führen eines Kraftfahrzeugs geeignet ist.

Entzug der Fahrerlaubnis durch den Richter

Liegt eine Verkehrsstraftat vor, kann der Richter neben der Verhängung einer Geld- oder Haftstrafe auch die Fahrerlaubnis durch Strafbefehl oder Urteil entziehen.

Die Mindestsperrfrist beträgt 6 Monate, aber höchstens 5 Jahre. Nur in Ausnahmefälle kann der Entzug der Fahrerlaubnis lebenslang ausgesprochen werden.

Medizinisch-Psychologische Untersuchung

Eine Medizinisch-Psychologische Untersuchung (MPU) wird verlangt, wenn die Fahrerlaubnis wiederholt entzogen wird. Ebenso kann eine MPU angeordnet werden, wenn mehrfach gegen verkehrsrechtliche Vorschriften oder Strafgesetze verstoßen wird.

Die Behörde entscheidet auf Grund des Gutachtens, ob ein Führerschein nach Ablauf der Sperre zurückgegeben oder der Führerschein neu beantragt werden kann.

Punkteabbau durch Aufbauseminare (ASP)

Seit dem 1. Januar 1999 können Kraftfahrzeugführer bundesweit Punkte in der Verkehrssünderkartei Flensburg abbauen.

Mit dem Aufbauseminar für punkteauffällige Kraftfahrer (ASP) wird eine Verhaltensänderung zu einer sicherheitsbewussteren Einstellung zum Straßenverkehr angestrebt.

Der Auffällige kann durch den freiwilligen Besuch eines ASP Punkte tilgen. Es werden ihm vier Punkte erlassen, wenn er an einem Aufbauseminar bei einem Punktestand von bis zu acht Punkten teilnimmt.

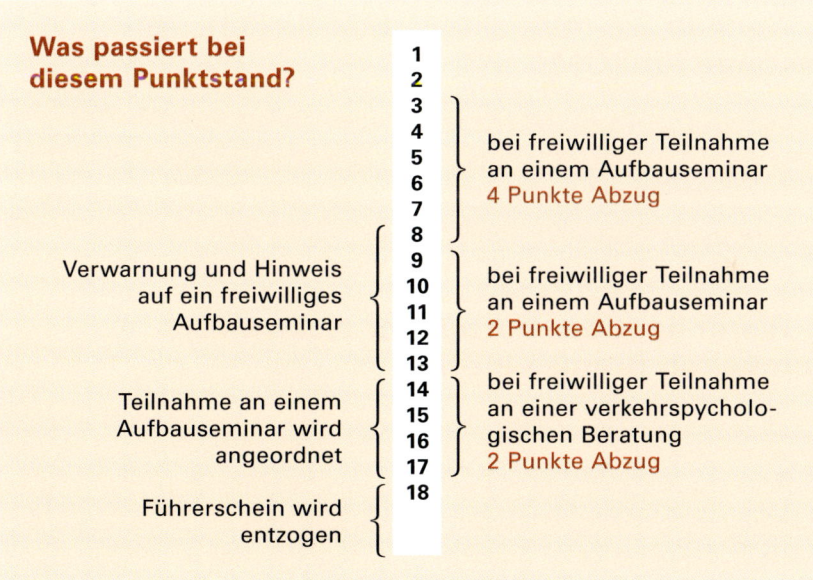

Was passiert bei diesem Punktstand?

1
2
3
4
5
6
7
8 — bei freiwilliger Teilnahme an einem Aufbauseminar 4 Punkte Abzug

Verwarnung und Hinweis auf ein freiwilliges Aufbauseminar

9
10
11
12
13 — bei freiwilliger Teilnahme an einem Aufbauseminar 2 Punkte Abzug

Teilnahme an einem Aufbauseminar wird angeordnet

14
15
16
17 — bei freiwilliger Teilnahme an einer verkehrspychologischen Beratung 2 Punkte Abzug

18

Führerschein wird entzogen

Abbildung 42: Maßnahmen in Abhängigkeit vom Punktestand

WWW **www.kba.de**

Beim Kraftfahrt-Bundesamt (KBA) erhalten Sie Ihren aktuellen Punktestand.

7 Der Wissens-Check

1. Wie hoch darf der Druckabfall bei einer Vollbremsung höchstens sein?

2. Nennen Sie mindestens fünf Sicherheitssysteme für KOM?

3. Worin liegt der Vorteil der elektronisch geregelten Bremse (EBS)?

4. Wann ist der Spurassistent (SPA) deaktiviert?

**5. Woran erkennt der Bremsassistent (BAS)
eine Notbremsung?**

**6. Welchen Fahrwiderstand können Sie durch
regelmäßige Kontrollen Ihres Fahrzeugs am
stärksten beeinflussen?**

**7. Mit welchen zwei Regeln kann der Kraftfahrer
seinen Abstand zum Vorausfahrenden außerhalb
geschlossener Ortschaften überprüfen?**

**8. Errechnen Sie anhand der Faustformel den
Reaktionsweg bei einer Geschwindigkeit von
a) 30 km/h und b) 50 km/h.**

9. Errechnen Sie anhand der Faustformel für den Reaktionsweg den zurückgelegten Weg innerhalb von drei Sekunden bei einer Geschwindigkeit von 100 km/h.

10. Erklären Sie den Unterschied zwischen einer Verwarnung und einem Bußgeld.